ELOGE

DE

MONSEIGNEUR

LE DAUPHIN.

Fragment d'un Discours prononcé à Saint-Quentin dans l'Eglise de S. Thomas, le 30 Décembre 1765.

On y a joint des notes historiques & intéressantes.

A SAINT-QUENTIN;

Chez FRANÇOIS-THEODORE HAUTOY,
Libraire, sur la grande Place.

M. DCC. LXVI.

ELOGE

DE MONSEIGNEUR

LE DAUPHIN.

FRAGMENT D'UN DISCOURS. *

. . . .

Religion immortelle, fuſpendez
la juſte & profonde douleur où vous êtes
plongée, en voyant s'ouvrir en ce jour

* Ce Diſcours, dont le fond étoit ſur la Religion, a
été prononcé dans l'Egliſe de S. Thomas, Archevêque
de Cantorbéry, le 30 Décembre 1765 , jour de la Fête
de ce Saint , par M. l'Abbé   Couſturier , Chanoine
de l'Egliſe Royale de Saint-Quentin , Prédicateur du
Roi. On en a imprimé cet extrait ſur pluſieurs copies ré-
pandues dans la Ville : on y a joint quelques notes hiſ-
toriques. Elles n'empêcheront pas de reconnoître *l'élo-
quence touchante du Prédicateur de l'humanité* , ainſi qu'il
a été nommé , *& qui mérite de tenir un rang diſtingué
parmi les Orateurs évangéliques de ce ſiécle. V. Journal
de Trévoux* , 1764. *Journal des Savans* , 1765.

(*a*) le tombeau qui doit cacher pour toujours aux regards des hommes, un Prince (*b*) qui fut votre gloire & votre appui. Hélas, toute la nation le pleure avec vous, *Fleverunt eum omnis Ifrael.* Eloge bien rare, & que l'Ecriture accorde à bien peu d'hommes illuftres ! Qu'une nation entiere en effet, que tant d'hommes différens dans leurs préjugés, divifés par tant d'intérêts, fe réuniffent à la mort d'un Prince dans le fentiment unanime d'une même douleur, c'eft un témoignage qui ne peut avoir pour fondement que les plus fublimes vertus ; & s'il nous étoit poffible de recueillir ici toutes les louanges que forme fans étude & fans art une douleur fi univerfelle, nous entendrions fortir de tous les cœurs François ce cri général, *Comment eft mort ce Prince qui faifoit les délices &*

I. Mach. 9.

I. Mach. 13.

(*a*) Le jour où le corps de Mgr le Dauphin a été enterré dans l'Eglife Métropolitaine de Sens.

(*b*) Mgr le Dauphin mort à Fontainebleau le 20 Décembre 1765.

l'esperance d'Israël ? Fleverunt eum omnis Israel. La Cour le pleure, & quel spectacle offre-t-elle en ces jours lugubres à l'Europe entiere qui partage sa douleur? Le Roi le pleure (*c*)..... Respectons une douleur qui ne doit s'exprimer de notre part que par le silence; les Grands le pleurent comme leur modéle ; les Pauvres le pleurent comme leur pere ; tous le pleurent comme l'amour & l'espoir de la France : osons mêler nos pleurs à des pleurs si honorables ; *Fleverunt eum omnis Israel.* Le Ciel nous l'avoit donné dans les jours de miséricorde & de bienfaisance, (*d*) il nous l'enléve dans ceux de sa colere..... O France, quelle est ta destinée !...... N'avons-nous arraché il y a vingt années des bras

(*c*) *Cette perte qui pénétre mon cœur de la plus vive affliction, & que tout mon peuple partage.* Quel éloge! *Paroles de la lettre du Roi à M. l'Archevêque de Paris, du* 24 *Décembre* 1765.

(*d*) Le Roi marié à Fontainebleau le 5 Septembre 1725. M. le Dauphin né à Versailles le 4 Septembre 1729.

de la mort par nos prieres & par nos larmes, le meilleur des Rois (e), que pour
perdre en si peu de temps les deux plus

(e) La maladie du Roi à Metz en 1744, rendu aux vœux
de toute la France en larmes, *qui reſſuſcita avec lui*, comme le dit le digne fils du grand Racine. La Ville de Saint-
Quentin, de tout temps dévouée à ſes Princes, donna en
ce temps des marques particulieres de ſon dévoûment pour
la Perſonne ſacrée du Roi. De zélés citoyens envoye-
rent à leurs frais un exprès à Metz à M. de la Billarderie,
Gouverneur de la Ville de Saint-Quentin, Major des
Gardes de Sa Majeſté. L'Envoyé avoit ordre à ſon retour, s'il avoit des nouvelles telles qu'on les ſouhaitoit,
de donner pour ſignal à Neuville, village ſur une hau-
teur à une lieue de la Ville, ſon chapeau élevé en l'air
avec ſon mouchoir : le ſignal fut donné : le chapeau
fut jetté en l'air, & toute la Ville retentit d'acclama-
tions de joye. La lettre de M. de la Billarderie du 20
Août 1744, dans laquelle, entr'autres expreſſions, il
dit : » Tout eſt en joie, après avoir été dans les gé-
» miſſemens : c'eſt un miracle viſible & ſenſible du Sei-
» gneur, il n'en faut pas douter ; M. * lui ſeul a pû nous
» rendre notre Maître, après l'état de défaillance où il
» a été : nous devons l'en remercier à chaque inſtant
» de notre vie. . . . . . Je ne manquerai pas de rendre
» compte au Roi du zéle & de l'affection de tous les
« Corps, Meſſieurs du Chapitre, les Magiſtrats, & les
» noms de tous nos bons citoyens. Cette lettre fut lue à
» l'Hôtel-de-Ville à tout le peuple.

Cette Ville s'appelloit autrefois *Vermand*, différente
d'un autre lieu aux environs, ſes habitans *Viromandui*.
Sous l'Empire d'Auguſte, elle quitta ſon nom primitif
pour prendre celui de ce Prince. Le nom d'*Auguſta* étoit
dans l'Empire Romain le titre de premier honneur & de
la dignité ſuprême. La ſignification de ce nom ſuffit pour
prouver que les Villes qui en étoient honorées, jouiſ-

*M. de Ro-
chefort, alors
Lieutenant
de Roi.

Cæſ. Comm.
I. 2.

Mem. de
l'Acad. des
Belles-Let-
tres, t. 19. p.
681.

prochains Héritiers du même Sang & du même Trône (*f*). Et vous, illustre Patron de ce Temple où je parle, monu-

foient de la prééminence dans l'étendue de leur territoire. Les Villes *augustes* des peuples de la Gaule, ont été capitales de ces peuples au commencement du quatriéme siécle. Celle-ci étoit capitale : elle étoit aussi *municipe*, & même d'un ordre distingué. Le *municipe* en général n'étoit point colonie, mais ses citoyens jouissoient du droit de Citoyen Romain. Elle étoit aussi le Siége du Pontife & du Grand-Prêtre, Chefs des Ministres de la Religion. Elle changea son nom vers le temps du martyre de S. Quentin, à qui Rictius-Varus offrit pour le séduire, de lui faire obtenir par grace singuliere dans la Ville d'*Augusta*, la dignité du Sacerdoce. Le Vermandois fut réuni à la Couronne sous Philippe Auguste, en 1185. (*Abr. chron.*)

On permettra d'insérer ici, en faveur de l'esprit patriotique, ces vers du célébre Santeuil, qui caractérifent & le génie de la nation, & son dévoûment pour ses Princes légitimes. Ils font gravés sur la façade de l'Hôtel-de-Ville, & dans tous les cœurs des habitans.

Bellatrix J Roma, tuos nunc objice muros.

Plus deffensa manu, plus nostro hæc tincta cruore

Mœnia laudis habent. Furit hostis & imminet urbi,

CIVIS MURUS ERAT. Satis est sibi civica virtus.

Urbs memor audacis facti dat marmore in isto

Pro patriâ, Cæsos æternum vivere cives.

(*f*) Louis-Joseph-Xavier de France, Duc de Bourgogne, mort à Versailles le 22 Mars 1761, âgé de neuf ans & demi.
Mgr le Dauphin, mort le 20 Décembre 1765.

Recueil des Histor. de Fr. par les PP. Bened. t. 8. edit. du Louvre.

Municipium Augusta Viromenduorum
Mém. de l'Acad.

Hemeré. Aug. Virom. p. 6. & 365. an. 301.
Et te principem constituat in loco isto.

Le siége de S. Quentin en 1557.

ment facré de la piété & de la reconnoif-
fance des Princes maîtres autrefois de
cette Contrée que nous habitons (*g*), par
quel bonheur ce Royaume , l'afile des
Princes perfécutés , le vôtre autrefois, *
conferva-t-il par votre interceffion dans
le douziéme fiécle de notre Monarchie ,
le Fils unique d'un de nos Rois , réduit
alors aux portes du tombeau (*h*) , &

*Boffuet, Sermon fur l'unité de l'Eglife, edit. in-12. p. 449.

(*g*) L'Eglife de S. Thomas Archevêque de Cantorbéry, en la Ville de Saint-Quentin, a été bâtie par Philippe d'Alface Comte de Vermandois , très-attaché à S. Thomas de Cantorbéry, environ l'an 1179.

Voyez *Augufta Virom. illuftrata à Cl. Hemeræo, Doct. Sorb. & Eccl. Sanct. Quint. Canonico, regeftum veterum. Chart. p. 45.*

Manufcrit fur l'Hiftoire de Vermandois par M. Colliette, Curé & Doyen de Gricourt.

'Abr. chr. de l'Hift. de Fr. de M. le Pr. Henault , p. 120.
Hift. de Fr. Abr. chr. an. 1150.

Bolland.

Actes des Martyrs, pieces juftif. éd. de Lond. 1765.

(*h*) Louis VII dit le Jeune , ainfi nommé pour le diftinguer de fon pere avec lequel il avoit régné quelques années , ou , felon un Hiftorien , pour avoir rendu la Guyenne à Eléonore , mort à Paris le 18 Septembre 1180 , enterré dans l'Abbaye de Barbeaux près de Melun, obtint la fanté de fon fils unique Philippe Augufte , par l'interceffion de S. Thomas de Cantorbéry. » Le » Roi mettant toute fa confiance en Dieu , partit , con- » tre le fentiment de plufieurs perfonnes de fa Cour, » pour paffer en Angleterre. Le Roi d'Angleterre (Henry II) vint le recevoir à l'entrée de fes États, & l'ac- » compagna jufqu'à Cantorbéry , où ce Prince fit fa » priere au tombeau du S. Martyr ; & après y avoir of- » fert une coupe d'or, & fait un préfent confidérable pourquoi notre fort eft-il fi différent ? Hélas, depuis la nuit de crainte & d'allarmes qui s'eft répandue fur toute la France à la nouvelle du danger qui nous menaçoit bien plus que le Prince que nous pleurons, *les Prêtres du Très-Haut* conftamment profternés à la tête du peuple *entre le Veftibule & l'Autel,* (i) n'ont Ezech. 8. 16. ceffé de demander au Ciel rigoureux la même faveur..... Nos crimes nous ont privé du même bienfait.

O Prince *fi cher à Dieu & aux hom-* Eccl. 45. 1. *mès,* Prince qui pouvez dire avec trop num. 12. 5. de vérité ces paroles de Job : » Le Sei-» gneur m'a dépouillé de ma gloire, il

» aux Religieux, il retourna en France, & trouva à » fon retour que le Prince fon fils avoit recouvré une Vie de S. » fanté parfaite par les mérites de S. Thomas «. Ce fut Thom. Arch. au retour de ce voyage de dévotion, que Louis fit fa- de Canrorb. crer & couronner fon fils à Réims, & attribua la pré- l. 3. ch. 8. p. rogative du Sacre, jufqu'alors indécife, à ce Siége. 473.
  (i) Pendant la maladie de Mgr le Dauphin, l'expofi- Abr. Chron. tion du très-Saint Sacrement a été dans toutes les Égli-fes, la Châffe de Sainte Geneviéve defcendue, toutes les Paroiffes ont été en proceffion à la tête du peuple dans un morne filence. Celle de l'Hôtel des Invalides a tiré les larmes des yeux.

Job. 19. » m'a ôté la Couronne de deffus ma tête, » il m'a détruit peu à peu, & je meurs «. Prince, qui au plus fort de vos douleurs, voyiez, difiez-vous, *la mort avec courage, mais n'ayiez pas celui de voir fouffrir votre augufte Pere.* Prince, dont les jours avoient tant de fois allarmé fa tendreffe paternelle, foit lorfque vous l'accompagniez au milieu des com-*Fontenoy. bats, * foit lorfqu'une maladie cruelle nous menaçoit déja de vous perdre il y a quelques années. Prince, *dont les qualités & les vertus dignes de votre naiffance,* comme fon cœur paternel le déclare, *avoient acquis pendant le cours de votre vie,* trop courte hélas ! *toute fa*Lettre du Roi à M. l'Archev. de Paris. *tendreffe & toute fon eftime.* Prince, qui du lit de votre mort (quel trône, quel trône pour vous !) tranfmettiez à vos auguftes Enfans (*k*) ces fublimes & der-

____

(*k*) M. le Duc de Berry, aujourd'hui Mgr le Dauphin, * Mgr le Comte de Provence, Mgr le Comte d'Artois.

* Nos Rois, (dit un illuftre Auteur de nos jours) jouif-

nieres leçons, qui tout-à-la-fois leur marquent leur devoir, & nous annoncent notre bonheur (*l*). Prince, à jamais l'objet de nos regrets, qui ferez diftingué dans nos annales par le furnom glorieux du Fils de L O U I S L E B I E N A I M É, tant aimé, tant regretté vous-même. Prince *enlevé à la terre à caufe de votre innocen-* Pf. 40. 13. *ce, & reçu dans les Tabernacles éternels,* Pf. 42. 3.

fent en toute fouveraineté du Dauphiné, en conféquence Abr. Chron. de trois traités faits entre le Roi Philippe de Valois & de M. le Pref. le Dauphin Humbert II, dernier Prince de la Maifon de Henault. la Tour-du-Pin qui ait poffédé le Dauphiné. Ce Prince inconfolable de la mort de fon fils unique qu'il avoit eu de Marie de Baux, prit l'habit de l'Ordre de S. Dominique. On a cru mal à propos, qu'une des conditions du traité avoit été que le titre de Dauphin feroit porté Preuves de par le fils aîné de nos Rois. Il arriva au contraire, que l'Hiftoire du le premier Dauphin nommé par Humbert au premier Dauphiné. traité de 1349, fut le fecond fils de Philippe de Valois. Il eft vrai que cela n'eut pas lieu, & que ce titre a toujours été porté depuis par le fils aîné du Roi.

(*l*) » Je fouhaite à mes enfans toute forte de bonheur » & de bénédictions. Je leur recommande de profiter » de la bonne éducation que vous leur donnez. Infpi- » rez-leur la crainte de Dieu & le plus grand refpect » pour la Religion. Qu'ils foient toujours foumis au » Roi, & qu'ils confervent toute leur vie pour Madame » la Dauphine, l'obéiffance & la confiance qu'ils doi- » vent à une mere auffi refpectable «. *Paroles de Mgr le Dauphin à M. le Duc de la Vauguyon.*

(car vos vertus nous donnent cette confiance) par *celui qui fait régner les Rois*
& les Enfans des Rois, & qui vous affu-
re dans *ſa miſericorde & ſa bonté* une
Couronne éternelle, au lieu de celle
que vous deviez porter ſur la terre; Prince, qui, *conſommé en ſi peu de temps*,
avez vécu, vouliez vivre comme les S.
Louis, avez voulu mourir comme les
Théodoſes, avec la bénédiction d'un
Ambroiſe, parmi les grandes leçons que
donne au monde votre exemple illuſtre
& douloureux, qu'il apprenne au peuple que vous deviez gouverner, *au peu-*
ple qui viendra après nous, & qui vous
louera à jamais, que la Religion ſeule,
cette Religion dont vous avez fait vos
délices, dont vous avez reſpecté les
Oracles, dont vous avez protégé les intérêts, dont vous avez reſſenti les bleſ-
ſures, dont vous avez honoré les Mi-
niſtres, dont vous avez pratiqué les ver-

Prov. 8.

Pſ. 102. 4.

Sap. 4. 13.
Ambroſ. de
obit. Theod.
n. 4.

Fleury Hiſt.
Eccl. an. 395.

Pſ. 101. 19.

tus, peut rendre les hommes, de quelque rang qu'ils foient, heureux fur la terre & pour L'ÉTERNITÉ.

Permis d'imprimer. A Saint-Quentin, ce 12 Janvier 1766. DORIGNY,

www.ingramcontent.com/pod-product-compliance
Lightning Source LLC
Chambersburg PA
CBHW071705030726
47598CB00005B/2247